L'EMPRISE ALLEMANDE
—SUR LA RUSSIE—

Depuis le XII° siècle jusqu'à nos jours

O. W. de LUBICZ-MILOSZ

L'EMPRISE ALLEMANDE
— SUR LA RUSSIE —

Depuis le XIIe siècle jusqu'à nos jours

Publications de

L'Affranchi

5 bis, rue Schœlcher, PARIS

L'Emprise Allemande sur la Russie

Depuis le XIIe siècle jusqu'à nos jours

I

Il a fallu à la Russie un siècle entier d'âpre lutte sociale, le mouvement libéral de l'époque d'Alexandre Ier, la révolte des décabristes sous le premier Nicolas, les innombrables conspirations nihilistes ourdies sous Alexandre II et Alexandre III, la sanglante révolution de 1905, enfin les journées mémorables de mars 1917, pour renverser le régime bureaucratique prussien introduit en Moscovie par le tsar Pierre le Grand, raffermi par l'allemande Catherine II et jalousement défendu contre les tendances libérales de la nation par tous les empereurs de la maison de Holstein-Gottorp.

Toutefois, en secouant le joug politique allemand, la Russie n'a accompli que la moitié de sa tâche.

Le système bureaucratique prussien, fondé à Saint-Pétersbourg par les sept cents politiciens, économistes et officiers brandebourgeois qui composaient l'entourage immédiat du tsar Pierre, s'appuyait sur une puissante organisation industrielle et commerciale allemande dont la création remontait au moyen âge et qui, depuis le commencement du xve siècle exploitait systématiquement, à l'abri de toute concurrence européenne, le plus vaste domaine économique de ce monde.

La Russie ne pourra donc se dire entièrement délivrée que le jour où elle aura réussi à rompre les entraves économiques qui, après l'avoir gênée pendant sept siècles dans sa marche vers l'indépendance et le progrès, la livreraient à nouveau, à l'issue de cette guerre monstrueuse, aux appétits insatiables de ses trop entreprenants voisins.

Cependant, la régénération économique de l'immense république du Nord ne saurait s'accomplir, au milieu de la situatoin créée par la guerre et la révolution, sans la collaboration des puissances de l'Entente.

La véritable alliance de la France et de la Russie, celle qui reposera sur la coopération économique et sociale des grandes démocraties des deux mondes, sera l'œuvre de demain. A condition, cela va sans dire, que les fondements en soient jetés aujourd'hui même.

L'Amérique a déjà conclu avec le gouvernement révolutionnaire, des accords relatifs à l'exploitation des usines de Sibérie et de l'Oural, à la réorganisation complète des chemins de fer de la Russie d'Europe et d'Asie, enfin à l'industrialisation de l'île de Sakhaline, si riche, en sources de pétrole.

Il ne reste à la France qu'à s'engager dans le chemin tout tracé.

Si singulières que puissent paraître les tendances de certains groupements politiques russes, si attristants que soient les révélations de l'ancien ambassadeur de Russie en France, Isvolski, sur la politique personnelle de Nicolas II et le sens secret des rencontres de ce monarque avec l'empereur Guillaume, elles ne doivent pas ébranler notre confiance dans l'amitié du peuple russe et le prestige dont la France jouit depuis des siècles des bords de la Vistule à ceux de la Léna. Gardons-nous surtout d'imputer les défaillances d'une dynastie étrangère, depuis longtemps reniée par le peuple, à une race profondément idéaliste et mystique chez qui toutes les classes sociales, à commencer par la noblesse et le clergé, embrassent aujourd'hui dans un même amour la Déclaration des Droits de l'Homme et les principes éternels de l'Évangile.

Opposer à toute menace de nouvelle mainmise allemande des difficultés insurmontables; encourager par tous les moyens et dans toutes les branches de l'activité économique l'initiative privée endormie par la longue tutelle; nationaliser la production industrielle et agricole; attirer vers l'immense forêt vierge de la Russie septentrionale d'Europe, vers les vastes terrains houillers et aurifères de l'Oural et de la Sibérie, les capitaux français, britanniques et américains; enrichir un réseau de chemins de fer purement stratégique de lignes répondant aux nécessités de la vie économique moderne; telle est la tâche qui s'impose à la Russie nouvelle et à ses alliés.

Elle exige un effort considérable et ne souffre pas de délai.

LES ALLEMANDS EN RUSSIE DEPUIS LE MOYEN AGE JUSQU'AU XVIIIe SIÈCLE.

Depuis la tragique retraite de Pologne de l'été 1915, catastrophe due surtout à l'inaction où furent jetées les fabriques russes d'armes et de munitions par le départ précipité de leur personnel presque exclusivement germanique, on parle beaucoup, en France, de l'accaparement de l'industrie et du commerce russes par les Allemands.

Toutefois, le parallèle que l'on établit, à l'occasion, entre cette mainmise, vieille de plusieurs siècles, et l'intrusion relativement récente de l'élément germanique en France, témoigne d'une connaissance insuffisante du véritable état de choses.

La maladie dont la France n'a ressenti que les prodromes a jeté dans l'organisme russe, moins homogène, plus lent aux réactions, des racines profondes.

Formée à l'école énervante de Byzance, arrêtée dans son évolution par la longue servitude mongole, séparée du monde occidental par la Lithuanie, la Pologne et le Saint-Empire, dès le Moyen Age la Russie a vu s'établir sur ses ports de la Baltique et ses grands centres commerciaux, principalement Kief et Novgorod. le protectorat de la Ligue hanséatique allemande.

Voici ce que nous apprend à ce sujet, dans son « Esquisse pour une histoire de la culture russe » le célèbre économiste P. Millioukoff :

« Les « Cours » gothiques et allemandes fondées au XIIe siècle par les marchands de Gotland et de Lubeck devaient, avec le progrès du temps, se fondre en une puissante Hanse unique et exercer pendant des siècles un contrôle des plus jaloux sur tous les grands centres commerciaux de la Russie. »

Mais c'est surtout vers le milieu du **XVe** siècle que l'invasion germanique prend des proportions inquiétantes.

Sous le règne du tsar Ivan III (1452-1505) et plus tard sous Ivan IV, surnommé le Terrible (1534-1584) toutes les professions libérales étaient exercées, à Moscou et dans les autres grandes villes de l'Empire, par des Allemands.

Au lieu de suivre l'exemple des rois de Pologne, fondateurs d'universités nationales qui déjà dans les premières années du **XVe** siècle, surent acquérir une célébrité européenne et rivaliser avec celles d'Allemagne, de France et d'Italie, les tsars de Moscovie, peu soucieux de répandre parmi leurs sujets une lumière qu'ils estimaient dangereuse, s'obstinaient à ne rechercher dans les arts mêmes qu'une source nouvelle d'autorité et de puissance et n'en confiaient l'exercice qu'à des immigrés allemands.

En 1547, une ambassade extraordinaire fut envoyée, en Allemagne par le tsar Ivan le Terrible, à l'effet d'y recruter toute une

armée de médecins, de chirurgiens, d'apo-
thicaires, de jurisconsultes, d'architectes,
d'ingénieurs, de chimistes, de brasseurs, de
couteliers, de fondeurs, d'armuriers et aussi...
de reîtres destinés à la conduite des expédi-
tions de Lithuanie et de Pologne.

Sous les tsars Boris Godounoff, Michel,
Alexis et Fedor, plus de vingt mille allemands exercent, en Moscovie, les métiers les
plus divers, principalement ceux de tisse-
rand, d'horloger, de joailler, de mineur, de
voilier et de constructeur de vaisseaux.

En vue de se concilier l'estime des classes
cultivées du Saint-Empire et de stimuler
l'immigration dans ses États de marchands,
de savants et d'artisans allemands, le tsar
Boris Godounoff n'hésita pas à octroyer le
droit de bourgeoisie non seulement aux nouveaux venus, mais encore aux innombrables
prisonniers de guerre livoniens et courlan-
dais retenus en Russie depuis le règne
d'Ivan IV.

A une époque où les boïards les plus hup-
pés étaient soumis au régime honteux de la
bastonnade et du knout, tous ces roturiers
allemands jouissaient d'une liberté que les
autochtones ne devaient conquérir que trois
siècles plus tard.

Les marchands surtout étaient favorisés.
Toutes les immunités féodales réservées
dans les autres pays à la noblesse et au clergé,
leur furent assurées par le tsar Boris.

Le privilège, accordé en 1613, par « lettres
de grâce » à Andréas Bock, riche négociant
allemand de Moscou, de faire négoce dans
toutes les contrées et toutes les villes de la
Moscovie, ne tarda pas à s'étendre à la
colonie germanique tout entière.

Enfin, en 1652, les premiers fondements de la « Slobŏda », faubourg réservé à la population allemande de Moscou, furent jetés, par ordre du tsar, aux portes mêmes de la capitale.

Quelques années devaient suffire à la Sloboda pour usurper, par ses proportions, sa richesse et le nombre de ses habitants, la première place parmi les métropoles de la Moscovie.

A son entrée dans cette ville magique, Reutenfels, un voyageur allemand de l'époque, se crut transporté, comme le docteur Faust en Hellade dans les plis du manteau volant, au cœur de quelque Hambourg, Brême ou Lubeck hanséatique.

La Sloboda jouissait d'une liberté confessionnelle, professionnelle et commerciale quasi illimitée.

Elle était soumise à une juridiction spéciale. Elle formait, en un mot, une sorte d'État dans l'État.

L'immigration ininterrompue de nouveaux sujets allemands lui assurait une croissance des plus rapides. Aucun passeport n'était exigé de ces « désirables ».

« La frontière russe n'est ouverte qu'aux oiseaux et aux Allemands », affirmait un dicton polonais du XVIe siècle.

Grâce à ce régime, unique dans l'histoire de l'humanité, la domination économique de l'Allemagne s'étendit, vers le milieu du XVIIe siècle, sur tout le territoire de l'immense Moscovie.

La région de Moscou se couvrit de factoreries et de fabriques allemandes.

On croit rêver en consultant les ouvrages russes et allemands consacrés à cette époque. Chaque page y semble anticiper sur le temps et contenir quelque allusion à l'accaparement de l'industrie et du commerce russes sous Nicolas II.

« Une étrange malédiction pèse sur la Sainte Russie et les autres pays slaves », écrit, en 1680, le moine Krischanitch. « Les slaves ne secoueront jamais ces tenaces parasites étrangers qui se nourrissent de leur sang. Ils sont condamnés par un destin inexorable à tomber, tôt ou tard, sous la domination haïssable du pire ennemi de leur race. »

Une seule fonderie allemande de Moscou, « Marselis et Akem », fournissait annuellement au gouvernement russe vers 1650, 20.000 pouds de barres de fer, 5.000 pouds de tôle, 20 canons, 6.000 boulets, 10.000 grenades, 100 moulins de fer, 1.000 chariots, etc.

Cependant, à l'exception de quelques marchands anglais et hollandais, tous les Occidentaux, dans leurs veillées d'hiver, parlaient encore de cette Moscovie envahie par les bourgeois replets du Brandebourg et de la Souabe comme d'une contrée mystérieuse gouvernée par un vieux de la Montagne ou un prêtre Jean.

III

LA GERMANISATION POLITIQUE ET ÉCONOMIQUE DE LA RUSSIE SOUS PIERRE-LE-GRAND

Le goût de la contradiction ne tient que peu de place dans le jugement sévère qu'inspira à Jean - Jacques Rousseau la politique du tsar Pierre Ier, une des idoles de Voltaire.

La civilisation artificielle que ce réformateur impatient imposa si brutalement, à doses si immodérées, à ses dociles sujets, suspendit pour de longues années l'évolution naturelle de la Russie.

Si l'exil volontaire du jeune tsar en Angleterre et en Hollande lui permit d'acquérir certaines qualités nécessaires à un ingénieur et à un marin, son long séjour au pays du Roi-Sergent en fit un parfait junker prussien.

La fameuse fenêtre qu'il ouvrit à la Russie sur l'Europe fut vite escaladée par l'excédent d'une immigration allemande à laquelle la porte de l'Empire, pourtant grande ouverte, ne livrait plus un passage suffisant.

Le manifeste du 16 avril 1702 garantit aux intérêts allemands une mansuétude des plus touchantes de la part des autorités moscovites. Il assure, à la production des fabriques allemandes fondées en Russie, un écoulement exempté de tous droits, aux matières premières, machines et instruments d'origine étrangère, une entrée entièrement libre en Moscovie. Il exempte également tous les immigrés de sang germanique du service militaire et du payement des impôts, les soumet à la juridiction spéciale d'un « Collège des Manufactures » dont un département se voit confier toutes les attributions d'une institution d'assistance judiciaire et financière. Il promet, aux Allemands de toutes les professions, à leur arrivée en Russie, un logement gratuit et leur alloue, pour leurs débuts, de grosses avances en espèces sonnantes.

Ajoutons enfin que la qualité de paysan ou de bourgeois des bords de l'Elbe ou du Weser ouvrait, à Saint-Pétersbourg et à Moscou, les portes des plus augustes demeures et constituait un chemin sûr vers l'acquisition de la noblesse.

Plus d'une généalogie de prince ou de comte russe tire son origine d'un Muller, d'un Schmidt ou d'un Schultze débarqué vers 1750 avec tout son avoir enveloppé dans un mouchoir de couleur.

A l'exception des Dick, alias Tolstoï, aucune de ces familles ne semble avoir contribué à la grandeur de sa patrie d'adoption.

En 1711, le mauvais génie de la Russie voulut que le tsar Pierre fît rencontre, au camp de Torgau, du philosophe allemand Leibniz. Le père de l'inoffensive monade fut aussitôt revêtu de la dignité plus rémunératrice de « Premier Conseiller privé de Sa Majesté l'Empereur de toutes les Russies » et invité à suivre son auguste protecteur à Saint-Pétersbourg.

Pendant que les missions scientifiques envoyées par le philosophe en Sibérie **y** découvraient des trésors minéralogiques inépuisables et reconstituaient, aux heures de loisir, le squelette du premier mammouth, le grand homme lui-même élaborait pour son impérial disciple un système de gouvernement qui, comme bien on pense, n'avait garde de contrarier les vues des chancelleries de Berlin.

Tous les malheurs de la Russie et de sa maison régnante tirent origine de ce régime prussien institué par le rival de Newton et qui devait en Moscovie, dégénérer rapidement, en anarchie bureaucratique.

Vers 1715, le tsar Pierre résolut de décréter l'allemand, langue officielle de l'Empire russe.

Il fallut tout le pouvoir de persuasion du saxon Leibniz pour détourner le monarque moscovite de son projet extravagant.

Vers 1710, toute l'industrie minière de la Russie est accaparée par les Allemands. Les mines d'Olonez et celles de l'Oural sont confiées à la direction de Wilhelm von Hennin, fondateur de la ville d'Ekaterinebourg, de la première école russe d'architecture et de la première fabrique d'armes et de munitions de la région de Saint-Pétersbourg. Brüss et Blüer, favoris de Pierre ¹ᵉʳ, deviennent, le premier président, le second vice-président du « Collège des Mines ». Schiffner et Wulf organisent l'exportation du fer russe en Allemagne.

Par quel étrange aveuglement un si grand peuple a-t-il pu, pendant des siècles, prendre des nuées de sauterelles pour une pluie de manne? Comment un réformateur doué d'une intelligence si vive, un contempteur si fougueux des traditions nationales a-t-il pu à ce point se méprendre sur les conséquences de la plus dangereuse des traditions héritées des ancêtres? Mystère.

Mais interrogez le cœur de la Russie — un très grand cœur — interrogez son intelligence — une intelligence étrangement mobile et féconde — interrogez enfin son idéal politique et social actuel, — un idéal des plus généreux, des plus nobles — toujours à votre sympathie, à votre admiration se mêlera le sentiment d'un éternel, d'un impénétrable mystère.

LE RÈGNE DE CATHERINE II. LA COLONISATION

Après la mort de Pierre-le-Grand, sous Catherine Ire, Pierre II et Pierre III, le système politique russe, calqué par Leibniz sur la hiérarchie bureaucratique prussienne fut renforcé par la nomination de dignitaires allemands aux principaux postes de l'État. La direction de la Chancellerie impériale fut confiée à Biron, un Allemand de Courlande animé à l'égard de la Russie des sentiments les plus hostiles; celle de l'Intérieur et des Affaires étrangères au comte Ostermann; l'armée eut pour chefs le ministre Munnich, le comte Weisbach, les généraux Rapp et Ronne; la sur-intendance de la Cour fut exercée par Löwenwöld; sur le commerce et l'industrie s'étendit la sollicitude du Président de la Chambre de commerce Schaffirow.

D'autre part, la conquête économique allemande fut poursuivie, entre 1725, année de la mort de Pierre-le-Grand et 1762, celle de l'avènement de Catherine II, avec une ardeur redoublée.

La presque totalité des 195 fabriques de l'Empire — chiffre énorme pour l'époque et le pays — appartenait aux Allemands ; une industrie nouvelle, celle du cuir, occupait des milliers d'ouvriers appelés d'Allemagne. Les tanneries sortaient de terre comme les champignons de l'admirable forêt russe après l'orage. Mais le sol, le sol national appartenait encore au boïard et était cultivé par le moujik.

Catherine II, princesse d'Anhalt-Zerbst, monta sur le trône.

Un an après son avènement, le 22 juillet 1763, un Manifeste impérial russe invitait les cultivateurs du maigre sol prussien à envahir la plantureuse Russie.

Ce manifeste qui ouvrait aux élus des bords de la Sprée un domaine infiniment plus riche que la terre de lait et de miel des Hébreux, leur promettait en outre · 1° un logis confortable, une table abondante et une bourse bien garnie pour la première année de séjour ;

2° Une liberté confessionnelle illimitée ;

3° Une dotation libérale des Églises allemandes par l'État ;

4° Une exemption de l'impôt et du service militaire et civil pour une période de 31 ans ;

5° Une large autonomie appuyée sur une juridiction spéciale renouvelée ;

6° Un système perfectionné d'assistance financière.

Quelque temps après la publication de ce manifeste, une armée d'agents recruteurs se dirigeait vers l'Allemagne et les représentants diplomatiques de la Russie recevaient l'ordre d'activer par tous les moyens l'exode des laboureurs allemands.

Cette première immigration, dont les résultats ne peuvent être comparés qu'à l'invasion de l'Europe par le surmulot, se fit, naturellement, aux frais de l'État russe.

L'historien von Haxthausen évalue à 5.199.813 roubles (environ 300 millions de livres françaises de l'époque) les dépenses occasionnées, en la seule année 1764 par le transport et l'établissement des premiers colons. Toute la région du Wolga comprise entre Nikolaïewsk et Saratoff fut envahie par des paysans allemands originaires pour la plupart des provinces Rhénanes et de la Westphalie.

En 1783, une nouvelle colonie. le « Rosental » ou vallée des Roses s'établit sur une étendue de 32.648 déciatines dans le voisinage de Iekatérinoslav. Le gouvernement russe lui accorda 341.800 roubles (10 millions de livres françaises) pour les dépenses de la première année.

Cependant, la belle ardeur que la Sémiramis du Nord, si chère à Diderot et à Voltaire, apportait à la germanisation de plusieurs provinces de son empire ne la détourna pas un instant de ses autres devoirs de princesse allemande.

L'industrie, de plus en plus accaparée par les compatriotes de la souveraine prit sous son règne une extension extraordinaire. « En 1762, quand Catherine ceignit le diadème, — écrit le célèbre économiste russe Tougan-Baranowsky — on comptait en Russie 984 fabriques. En 1796 — année de sa mort, il y en avait 3.161, dont 80 à peine étaient russes ou anglaises.

Mais c'est surtout la productivité des mines et l'exportation du fer russe en Allemagne qui prennent sous le règne de Catherine II des proportions jusqu'alors inconnues.

En 1767, le minerai produit par les 140 mines exploitées par des Allemands donne 9.600.000 pouds de fonte, alors que la France et l'Angleterre n'en produisent encore, en 1790, que 4 millions et demi de pouds, la Prusse un million et les États-Unis à peine 500.000. En 1762, la Russie exportait 1.158.000 pouds de fer; en 1773, 2.743.879 pouds et en 1794, 3.885.000 pouds.

Le privilège dont jouissaient les fabricants allemands de faire travailler sous le fouet des serfs rachetés à vil prix aux propriétaires fonciers nobles entrait pour une grande part dans l'extension rapide de l'industrie et du commerce.

Une liste des fabriques allemandes établies vers 1790 à Saint-Pétersbourg seulement, nous permettra de nous former une idée de l'importance de l'industrie et du commerce allemands en Russie sous le règne de Catherine II.

Tanneries.

J. Metauer.
J. Müller.
A. Fischer.
Karl Berch Schreider.

Brasseries.

Martin Guck.

Raffineries.

Andréas Schreider.

Fabriques de meubles.

Law. Bauer.
Daniel Schade.

Passementerie.

Théodore Lenz.
Beinemann Kron.
E. Blum.
Ch. Fr. Baumgarten.
Henri Bauer.
Fr. Hildebrand.

Fabriques de couleurs.

Martin Luther.

Fabriques de macaroni.

L. Galkau.
Andel Taler.

Fabriques de cartes.

J. Fr. Klausin.
Jan Bauer.
Lieberich.
Saint-Pétersbourg ne comptait, en 1790,
que 87 années d'existence. Quel devait donc
être, vers la même époque, le nombre des
fabriques et maisons de commerce allemandes
d'une ville comme Moscou, livrée, dès l'aube
du xvᵉ siècle, anx sujets du Saint-Empire ?

V

LE XIXe SIÈCLE

LES COLONIES ET LES INDUSTRIES
ALLEMANDES EN RUSSIE

En dépit des révoltes de la conscience nationale réveillée par la Révolution française et sa répercussion en Pologne, et de l'hostilité croissante des deux grands partis politiques russes de l'époque, les « Agrariens » nobles et les « Vrais Orthodoxes », les colonies allemandes devaient prendre, après la mort de Catherine II, une extension extraordinaire.

D'autre part, la protection accordée à l'industrie et au commerce allemands, sous la domination de la dynastie nationale des Romanoff ne pouvait pas leur faire défaut sous le gouvernement des Holstein-Gottorp.

L'idolâtrie que le successeur de Catherine II, l'empereur Paul Ier, manifestait en toute occasion à l'égard de Frédéric II et de la Prusse, fut attribuée par les innombrables favoris allemands de ce prince à un dérangement d'esprit et finit par provoquer la conspiration militaire qui mit fin à ses jours.

Personnellement, Paul Ier ne contribua

4

que médiocrement à l'expansion de l'influence allemande dans ses États.

Toute son activité se bornait au recrutement et au commandement d'une garde du palais, composée comme celle de Frédéric-Guillaume Ier et de Frédéric II, de géants chamarrés de la tête aux pieds, équipés sur le modèle prussien et dont il suivait, avec un soin jaloux, les progrès dans l'exercice de la langue allemande et du pas de parade en honneur à Sans-Souci.

Mais les ministres allemands qui gouvernaient la Russie au nom de ce grand enfant empanaché et cruel abolirent progressivement toutes les restrictions auxquelles l'immigration allemande était encore soumise sous le règne précédent, préparant de la sorte la prospérité extraordinaire que devaient connaître les populations germaniques de la Russie dans les premières années du XIXe siècle.

Alexandre Ier continua docilement, sous la tutelle de ses conseillers allemands, la politique néfaste de ses prédécesseurs.

Dans la seconde année de son règne (1803), une nouvelle colonie allemande de 44 villages fut fondée dans le district de la Malotchnaïa, sur une étendue de 145.258 déciatines à laquelle le tsar ajouta, l'année suivante, 3.500 déciatines.

De 1803 à 1816, les colons allemands occupèrent une grande partie de la Russie du Sud et plusieurs provinces transcaucasiennes.

En 1817, une proclamation du général Iermoloff, gouverneur de la Géorgie, livra ce paradis terrestre où fleurissait la plus pure civilisation persane, à l'invasion de dix mille exploiteurs Souabes.

Chaque famille d'immigrés reçut du gouvernement russe un présent de 35 déciatines de terre et de 500 roubles (environ 10.000 francs de l'époque) pour les frais d'établissement et d'outillage, plus une allocation quotidienne de 4 roubles et demi par individu.

Ajoutons à ces privilèges fabuleux une exemption d'impôt pour une période de dix ans, et nous obtiendrons du régime économique des deux provinces de Tiflis et d'Elisabethpol, véritables Arcadies peuplées, vers 1830, de 35.000 Hans-im-glucke d'origine souabe, un tableau des plus saisissants.

Sous le règne de Nicolas Ier, la population allemande établie dans le midi de la Russie atteint déjà, d'après les calculs de l'économiste allemand von Haxhausen et du voyageur anglais sir Wallace, le nombre respectable de quatre cent mille individus.

Dans les gouvernements de Tauride, de Iékaterinoslav, de Cherson et de Bessarabie, les colonies allemandes occupent, vers 1835, un territoire de 1.212.403 déciatines.

Ce vaste domaine s'étend avec une rapidité telle que, vers 1880, l'écrivain russe Welitzine nous le décrit déjà comme un véritable Etat dans l'Etat, embrassant une superficie de 2.860.623 déciatines.

D'après les calculs de Haxthausen, la colonisation de la Russie du Sud progresse, en l'espace d'un demi siècle, de 78,74 % pour le nombre des établissements, de 87,34 % pour celui des habitants, de 135,94 % pour l'étendue du terrain, enfin de 28,59 % par tête d'habitant, pour la quantité de déciatines.

En 1890, les colons allemands possédaient dans le gouvernement de Samara 800.000 dé-

ciatines ; dans celui de Saratoff, 500.000 déciatines.

En Bessarabie, 600.000 déciatines.

En Tauride, 900.000 déciatines.

A Iekaterinoslav, 800.000 déciatines.

A Cherson, 700.000 déciatines.

A Kieff, en Wolhynie, à Podolsk, 600.000
déciatines.

En Transcaucasie, 500.000 déciatines.

A ce territoire immense, il faut encore
ajouter, pour les rayons susnommés, les
2 millions de déciatines de propriété allemande privée, située dans les gouvernements
de Iekaterinoslav, Tauride et Cherson. Ce
qui nous donnera un total de 7 millions et
demi de déciatines pour les colonies allemandes établies dans 10 rayons seulement
de la Russie du Sud.

Ces immenses étendues de terrain furent
rachetées peu à peu par les colons allemands
aux grands propriétaires fonciers, à ces
« pomieschtchiki » ou agrariens nobles dont
l'écrivain russe Roubakine a montré, dans
un ouvrage récemment paru à Genève, la
rapide décadence, et dont Kerensky, dans un
de ses derniers discours d'avant la révolution,
a impitoyablement flétri l'incapacité et
l'égoïsme, les comparant, en plein parle-
ment, aux défauts correspondants des « junker » prussiens.

Le petit tableau suivant montrera avec
quelle rapidité les colons allemands s'enri-
chissaient au détriment des propriétaires
russes dans le gouvernement de Iekaterinoslav.

PROPRIÉTAIRES :

Année	Nobles	Déciatines	Paysans	Déciatines	Colons	Déciatines
1861	231	339.269	1	400	2	5.133
1874	187	289.468	13	3.119	42	28.218
1888	163	231.169	134	20.0103/4	73	51.402

La progression rapide des nombres dans les deux colonnes réservées aux Allemands nous permet, à défaut de statistique russe plus récente, de nous former une idée de l'étendue des colonies allemandes et du nombre de leurs habitants dans les dernières années du règne de Nicolas II. Il est à noter, toutefois, que le gouvernement de Iékaterinoslav n'était pas un des principaux centres de colonisation, et que, par conséquent, le tableau ci-dessus n'offre qu'une image fort imparfaite de ce qui se passait sur le territoire de l'Empire russe considéré dans son ensemble.

Dans une étude consacrée à la « Vie intellectuelle des colons allemands » et publiée en juillet 1890 par le journal *Rousski Wiestnik*, l'historien Welitzine résume la situation agraire de l'Empire russe en ces mots :

« Le propriétaire noble perd tous les ans 1 % de l'étendue de ses domaines tandis que la propriété foncière bourgeoise augmente chaque année de 0,03 %, celle du paysan de 0,20 %, celle, enfin, du colon allemand, de 0,50 %. »

L'industrie.

La participation de l'Allemagne au développement de l'industrie russe remonte, comme nous l'avons montré plus haut, aux premières années du XVIIIe siècle.

En 1720, l'Allemand Tamess fonda une fabrique de toile à Kochni, petit village voisin du bourg d'Iwanowo-Wozniesiensk.

L'historien J. Garéline consacre à l'activité infatigable de cet industriel les lignes suivantes :

« L'énergie et l'intelligence du fabricant allemand Tamess ont exercé une influence presque surnaturelle sur la population, si pauvre d'initiative, si hostile à toute idée de progrès, de cette région essentiellement agricole. En quelques années, tout le district d'Iwanowo-Wozniesiensk se couvrit de toileries du plus pur type allemand. Aujourd'hui, tout le gouvernement, que dis-je, toute la province présente l'aspect d'un grand centre manufacturier allemand. »

Enhardi par ses succès de Kochm, Tamess transporte son activité à Moscou et à Iaroslav.

D'autres Allemands l'y suivent bientôt : Fibig, Franz, Lehmann.

En 1825, un bavarois, Steinbach, fonde sur les bords de la rivière Moskwa la première fabrique de toile peinte.

Vers 1830, cette industrie occupe **280** ouvriers. Sa production annuelle est évaluée à 400.000 roubles.

En 1850 la fabrique Steinbach est achetée par Émile Zindel. En 1860, sa production s'élève à 900.000 roubles. Son personnel, composé exclusivement d'Allemands, compte 650 ouvriers. En 1894, elle possède un capital de 3 millions de roubles.

Toutefois, vers 1880, la maison Zindel cède la première place à la fabrique d'indienne d'Albert Hübner.

En 1856, le baron autrichien L. A. Stieglitz et l'Allemand Napoléon Pelter fondent, à Moscou, deux immenses draperies.

En 1856, l'Allemand Louis Knoop achète l'île Kränholm, située dans le voisinage de Saint-Pétersbourg, et la transforme, en quelques années, en une véritable oasis industrielle.

Vers 1870, les filatures Knoop occupaient 5.300 ouvriers et leur production annuelle était évaluée à 13.500.000 de roubles.

L'intelligence, l'activité et l'opulence de Knoop ont enrichi la Russie, plus féconde en proverbes que Sancho Pança lui-même, d'un dicton nouveau : « Pas d'église sans pope, pas de fabrique sans Knoop. »

La sagesse des nations n'est pas plus infaillible que celle des individus. L'une et l'autre ne perdent rien à être appuyées par les nombres.

L'homme qui vint, en 1839, à Moscou, comme petit secrétaire du représentant de la firme anglaise « Jersey », fonda en Russie, entre 1840 et 1870, 122 fabriques.

Ceci pour les entreprises allemandes personnelles. Voyons maintenant les sociétés allemandes par actions.

Dans les premières années du xixe siècle, quand la régénération économique de la Russie commença par l'importation presque illimitée de capitaux allemands, les sociétés étrangères par actions se comptaient, dans l'immense empire russe, sur les doigts. En 1890, trente-deux de ces sociétés d'une origine purement allemande existaient déjà en Russie. En voici la liste complète :

1. Fonderies König et Laura appelées aussi « Fonderies Katharina ».

2. Industrie du fer de la Haute-Silésie (fabrique Hantke. de Varsovie).

3. Société par actions des chemins de fer Tillemann.

4. Société russe des mines.

5. Forges de Milowitze.

6. Société russe de l'industrie du fer.

7. Fil de fer de Westphalie (succursale à Riga).

8. Usines à gaz Garden.

9. Société du gaz de Lodz.

10. Société allemande Continentale (fabrique de produits chimiques à Varsovie).

11. Usines à gaz Augsbourg.

12. Société Nouvelle du gaz (Kronstadt).

13. Société générale russe d'électricité.

14. Électricité Hélios (Pétrograd).

15. Électricité Lahmayer.

16. Électro-métallurgie Siemen et Halske (Pétrograd).

17. Société Schuckert (Pétrograd).

18. Société d'éclairage électrique (Pétrograd).

19. Fabriques réunies de câbles (Pétrograd).

20. Fabrique russe d'aniline et de soude.

21. Teintureries Höchster.

22. Société d'aniline (succursales à Moscou et Libau.)

23. Produits chimiques Schering.

24. Fabrique de couleurs d'Elberfeld (succursale à Moscou.)

25. Industrie chimique de Mainz.

26. Fabriques russes de machines Hartmann (succursales de la fabrique de machines saxonnes Hartmann).

27. Orenstein et Koppel (Varsovie, Pétrograd, Kieff et Moscou).

28. Arthur Koppel. (Pétrograd, Moscou, Riga, Varsovie, Odessa, Kharkoff, Wladivostok.)

29. Fabrique de moteurs à gaz Deutz (succursales à Pétrograd et à Moscou).

30. Société de jute de l'Allemagne du Nord.

31. Celluloïd Waldhof (Pernau).

32. Manufactures de dentelles de Dresde (Varsovie).

Ces résultats de l'activité industrielle allemande sont d'autant plus remarquables qu'ils furent atteints par l'effort non-combiné d'une multitude d'entrepreneurs disséminés sur une étendue immense dont la population, en dépit de la germanolâtrie des sphères dirigeantes, nourrit, à l'égard de la race germanique, une haine séculaire engendrée par les nombreuses et impitoyables incursions en territoires russe, polonais et lithuanien, des chevaliers des ordres teutoniques, des porte-glaive et des porte-croix.

Le lecteur désireux de se former une idée exacte de cette immémoriale rivalité entre germains et slaves, sera très utilement renseigné à ce sujet par la puissante étude, en langue française, du comte Xavier Korczak-Branicki, *Les Nationalités Slaves ; lettres au Révérend Père Gagarine (S.-J.)* (E. Dentu, éditeur, 1879.)

L'effort économique allemand, couronné d'un si brillant succès en Russie, ne pouvait pas ne pas s'étendre aux Provinces baltiques, anciennes possessions de l'ordre allemand des Porte-Glaive que nos adversaires, surtout depuis l'occupation de la capitale, Riga, par leurs troupes, ne désignent jamais que par le nom tendancieux de « premières colonies allemandes », comme pour nous épargner le moindre doute au sujet du sort qu'ils leur réservent.)

Ces provinces, annexées à l'Empire russe au XVIIIe siècle se composent des trois gouvernements d'Esthonie, de Livonie et de Courlande, et leur capitale, Riga, occupait, récemment encore, avec Pétrograd la première place parmi les villes maritimes de la Russie.

La population de ces provinces, composée de Lettes, constitue un rameau de la race lithuanienne. Comme les Lithuaniens proprement dits des gouvernements de Wilno, Grodno et Kowno, les Lettes parlent une langue dont 90 mots sur 100 sont du pur sanscrit. Les Lettes luthériens soumis à la domination allemande au XIIe siècle, et leurs frères les Lithuaniens catholiques attirés un siècle plus tard par la Pologne formaient, avant leur séparation, une seule nation et un seul État.

La population paysanne des trois gouvernements a gémi pendant sept siècles sous la domination des barons allemands, tout-puissants à la cour des Romanoff et des Romanoff-Holstein-Gottorp. Ces fameux barons baltes, détestés de toutes les nations voisines, ont fourni, depuis le XVIIIe siècle, des milliers de hauts fonctionnaires à l'Empire russe.

La riche industrie de ces provinces est concentrée entièrement entre les mains des allemands. Dans la première moitié du XIXe siècle, le gouvernement d'Esthonie était surtout célèbre par le grand nombre et l'importance de ses distilleries. La première fut fondée en 1780 dans le domaine de Lecht; la seconde en 1787 dans la baronnie d'Udrich; la troisième en 1821, dans la seigneurie de Koïk. Tous ces domaines appartenaient à des barons allemands.

Vers 1860, on comptait déjà 70 entreprises du même genre.

En 1820, l'allemand Birk fonde la première fabrique de teintures de la région.

En 1829, le sujet prussien Rotermann fonde la première scierie.

En 1828, un saxon, Kertel, fonde une draperie.

En 1857 est fondée, à Krengolm, une fabrique de toile. Elle occupe aujourd'hui la première place parmi les fabriques de toile de l'Empire russe.

En 1859, le sujet prussien Wigand fonde la première fabrique de machines.

En 1865 apparaît une seconde fabrique de machines, celle de Kroll et Cie.

En 1870 fut fondée une fabrique de ciment. (Port-Knada.)

En 1882, un chantier pour la construction des vaisseaux est créé par Bekker et Cie.

En 1914 on comptait dans le gouvernement d'Esthonie 27 usines mécaniques avec une production annuelle évaluée à 25 millions de roubles, 18 fabriques de produits minéralogiques, 195 distilleries, 8 moulins à vapeur, 13 brasseries, 4 fabriques de produits chimiques, avec une production annuelle de 2 millions de roubles, 12 scieries, 3 filatures de coton (production annuelle d'une valeur de 6 millions de roubles), 4 fabriques de carton, 2 draperies (production annuelle estimée à 30 millions de roubles), 2 filatures de laine (1 million de roubles), 1 fabrique de câbles.

Tous ces nombres sont peu de chose au regard de ceux fournis par le gouvernement

de Livonie, dont les deux villes principales,
Riga et Iourieff s'enorgueillissaient, avant
la guerre, la première d'un chiffre annuel
d'affaires de 120 millions de roubles, et la
seconde d'un commerce évalué en moyenne
à 70 millions de roubles par an.

L'histoire de l'industrie allemande remonte, dans le gouvernement de Livonie, à
l'année 1765.

Elle commence par la fondation de la
filature de coton Schultze.

Vers 1780 fut fondée la distillerie du domaine de Gross-Kongot.

En 1788, la savonnerie Kirstein.

En 1792, la verrerie Amelung.

En 1793, la lainerie d'Ilgetrem.

En 1809, l'usine Ressor.

En 1815, la verrerie Lelle.

En 1833, la draperie Hackenschmidt.

En 1834, la tannerie Prüffert.

En 1836, la fabrique de produits chimiques Haman.

En 1837, la draperie Holm.

En 1842, la fabrique de laque Koch.

En 1846, la fabrique d'asphalte Walter.

En 1852, l'usine mécanique Rosenkranz
et l'huilerie Schmidt.

En 1855, l'usine mécanique Skuje.

En 1857, la tannerie d'Arensbourg.

En 1858, l'huilerie Hartmann.

En 1914, le gouvernement de Livonie
possédait 125 usines mécaniques de premier
ordre, avec une production annuelle de
60 millions de roubles, 28 laineries et toileries (production annuelle : 25 millions de
roubles), 21 moulins à vapeur, 7 huileries
(production annuelle : 10 millions de roubles),
95 distilleries, 73 brasseries, 4 fabriques

d'amidon, 7 manufactures de tabac, 16 tanneries (production annuelle : 12 millions et demi de roubles), 12 fabriques de savon, 49 fabriques de teintures (production annuelle : 25 millions de roubles) 67 scieries (production annuelle · 14 millions de roubles), 11 verreries.

11 fabriques de ciment.

Voici enfin le gouvernement de Courlande avec ses deux grandes villes maritimes, Libau et Windau. La première était visitée tous les ans par 2.000, la seconde par 500 navires de commerce.

En ce qui concerne l'industrie de ce gouvernement, née au xviiie siècle, elle rivalisait déjà, vers le milieu du xixe avec celle des gouvernements voisins et devait atteindre, dans les premières années du xxe, son point culminant.

En 1797, fut fondée la tannerie Ganderer.

En 1800, la distillerie de Garsen.

En 1806, la fabrique de savon Eksper.

En 1815, le moulin à vapeur Stebel.

En 1826, la fabrique de chandelles Frisch.

Les années suivantes furent marquées par la création de toute une série de distilleries.

Ainsi, en 1837, fut fondée la distillerie de Gross-Eckau qui devait, grâce à son excellent kummel, acquérir rapidement une renommée mondiale.

En 1840, fut fondée la distillerie d'Azupen.

En 1841, celle de Laub-Esern.

En 1842, celle de Pouren.

En 1845, celle de Kapdang.

En 1846, celle de Dongang.

En 1850, celles d'Alt-Saitnen et de Sparen.

En 1846, furent créés les célèbres fours à plâtre Gerike.

En 1857, fut fondée la verrerie Emolin.

En 1859, la fabrique de drap Gempel.

En 1875, la fonderie Weber.

En 1877, l'usine « Phénix ».

Etc., etc.

En 1914, on comptait dans le gouvernement de Courlande 26 usines mécaniques avec une production annuelle évaluée à 15 millions de roubles, 50 fabriques de produits minéralogiques, 31 moulins, 3 huileries (production annuelle : 13 millions de roubles), 35 distilleries, 29 brasseries, 9 fabriques de produits chimiques (production annuelle : 5 millions de roubles), 2 fabriques d'allumettes (1 million de roubles), 3 tanneries (1.600.000 roubles), 4 fabriques de savons, 25 scieries, 4 draperies, 4 toileries, enfin 2 fabriques de linoléum. (production annuelle: 3.500.000 roubles).

Qu'il nous soit permis de clore ce chapitre consacré à l'accaparement par les Allemands de toutes les branches de l'industrie et du commerce en Russie proprement dite, par un exemple assez caractéristique de la singulière mansuétude manifestée, en toute occasion par le gouvernement russe à l'égard des sujets allemands.

Il n'est pas de Français si étranger aux choses de Russie qui n'ait quelque connaissance, du moins par ouï-dire, des dangers qui menaçaient, aux heures de trouble, les sujets israélites du tsar, ainsi que des innombrables lois restrictives qui les accablaient en temps normal.

Nous nous contenterons donc de rappeler au lecteur les « pogroms » (massacres, pour ainsi dire officiels, organisés en haut lieu, dirigés par la police et exécutés par une

armée de « hooligans » ou apaches à la solde
du gouvernement) qui ensanglantèrent des
milliers de petites villes juives et des centaines
de milliers de ghettos entre les années 1904
et 1907; les bannissements en masse du règne
d'Alexandre III; enfin les lois spéciales qui
fermaient aux Israëlites presque toutes les
carrières libérales et leur interdisaient l'accès
de la plupart des grandes villes de l'Empire.

Quelle pouvait donc être l'attitude d'un
gouvernement si peu tolérant en matière de
religion, vis-à-vis des citoyens juifs des empires voisins ?

Nous trouvons à cette question une réponse
des plus édifiantes dans une résolution du
Comité ministériel publiée en décembre 1906.

Des Israëlites allemands avaient adressé,
vers le mois de novembre de la même année,
une pétition collective au gouvernement russe
à effet d'obtenir l'autorisation de faire négoce
en Russie d'Europe et d'Asie et dans toutes
les grandes villes indifféremment.

Dans son numéro du 17 décembre 1906, le
Journal russe de l'Industrie et du Commerce
nous fournit, sur le succès de cette supplique,
les renseignements suivants :

« Les demandes des Juifs étrangers désireux de faire commerce ou d'exercer une profession libérale en Russie sont adressées au
Ministère du Commerce et de l'Industrie qui,
après examen, les soumet aux ministres de
l'Intérieur et des Affaires étrangères. La
réponse de ces derniers se faisait, d'ordinaire,
attendre six mois ou un an, quelquefois plus
longtemps encore. Toutefois, en considération
de l'influence salutaire que l'importation des
capitaux étrangers et la présence en Russie
des Israëlites allemands et autrichiens exer-

cent sur le développement de l'industrie et
du commerce, le comité ministériel a fixé à
un mois le délai maximum pour les réponses
des ministres de l'Intérieur et des Affaires
étrangères. Après expiration de ce délai, le
silence des deux ministres équivaudra doré-
navant à un consentement et sera considéré
comme tel par le ministre du Commerce et
de l'Industrie.

VI

LES COLONIES ET LES INDUSTRIES ALLEMANDES
EN POLOGNE RUSSE

L'historien Bruggen attribue la prospérité et la haute culture intellectuelle de la Pologne russe uniquement à l'immigration allemande.

« C'est aux colons et aux industriels allemands, — affirme cet écrivain quelque peu partial — que la Pologne, si arriérée encore dans les premières années du XIXe siècle, est redevable de son progrès moral et matériel. Les qualités qui font de ce pays un état moderne et l'apparentent aux grands centres de culture de l'Occident ont toutes une origine germanique. »

Cette opinion est partagée par tous les Allemands. Elle sert ordinairement de préambule à quelque saillie à l'adresse du régime barbare et des vices asiatiques implantés en Pologne par la domination moscovite.

L'effort colonisateur allemand en Pologne fut une conséquence du traité de Tilsit et remonte à la création du grand duché de Varsovie au profit du roi de Saxe (1807).

Les deux décrets du 8 mars 1809 et du 17 janvier 1812 relatifs à l'immigration des colons, des entrepreneurs et des ouvriers allemands en Pologne, sont de fidèles copies des manifestes de Pierre-le-Grand, de Paul Ier et de Catherine II.

Tous les privilèges accordés aux Allemands par ces souverains y sont reproduits à la lettre. Ils favorisent en outre l'importation, en Pologne, du bétail allemand.

Les prérogatives assurées par la courte domination saxonne furent maintenues par le « tsar » de Pologne Alexandre Ier.

Incapable d'exploiter par ses propres moyens les richesses naturelles de la Pologne, le gouvernement russe préféra abandonner ce malheureux pays aux appétits de sa complice la Prusse, plutôt que de permettre à ses habitants de gérer librement leur domaine économique national.

Le 19 février 1816 — un an après la « reconstitution » du royaume de Pologne, le tsar Alexandre Ier, rivalisant de zèle avec Frédéric-Auguste de Saxe, grand duc de Varsovie, lança le manifeste suivant :

« Considérant que l'immigration en Pologne d'ouvriers et d'entrepreneurs allemands exerce sur le développement agricole et industriel de ce pays une influence des plus bienfaisantes, et en vue d'attirer dans cette partie de nos États le nombre le plus considérable de ces étrangers, ordonnons ce qui suit :

« 1° Les immigrés et leurs descendants seront exemptés pour toujours du service militaire;

« 2° De toute imposition pendant une période de six ans;

« 3° Leur bagage, leurs meubles, leurs instruments, ainsi que leur bétail, ne seront frappés, à leur entrée en Russie, d'aucun droit;

« 4° Ils jouiront de la protection spéciale de la Commission gouvernementale des Ministères de l'Intérieur et de la Police, laquelle commission a été spécialement instituée par nous à l'effet de les assister dans leur établissement et de veiller à la stricte observation des articles du présent Oukase. »

Voilà, certes, qui est généreux, mais cela ne suffisait pas encore.

Un deuxième manifeste, d'une libéralité encore plus large, parut le 6 septembre 1820.

Plusieurs villes polonaises appartenant au domaine de la Couronne, y furent signalées à l'attention des entrepreneurs allemands. Des privilèges extraordinaires étaient assurés à ces futures cités manufacturières. Les moulins de l'État qu'elles contenaient furent mis à la disposition des drapiers allemands. Un article du nouvel oukase promettait, en outre, aux industriels, pour une période de dix ans et sans frais, tout le bois nécessaire aux constructions. Un autre ordonnait la création, dans le voisinage de ces villes, de vastes briqueteries et établissait, pour les briques destinées à l'industrie allemande, des prix nouveaux particulièrement avantageux.

D'autres mesures furent prises, quelques années plus tard, à l'effet de favoriser l'industrie allemande.

En 1822, une société de crédit au capital de 45.000 roubles fut fondée dans le but de prêter assistance aux entrepreneurs étrangers. L'année suivante, le capital de ce « Fonds des fabriques » s'élevait déjà à 90.000 roubles et, en 1835, à 127.000 roubles.

Mais le gouvernement russe n'était pas satisfait. La germanisation de la Pologne ne faisait pas de progrès assez rapides.

Une nouvelle armée d'agents recruteurs fut donc envoyée en Allemagne — surtout en Prusse, en Saxe et en Silésie, — avec ordre d'y répandre par écrit les derniers oukases et de donner de vive voix, aux intéressés, tous les renseignements nécessaires.

Ces émissaires étaient porteurs de sommes d'argent considérables destinées aux émigrants.

Un nouvel exode allemand commença. D'après les calculs des économistes Skarbek et Tengoborski, 15.000 familles allemandes vinrent s'établir dans le « tsarat » de Pologne en 1823.

L'écrivain russe Loubetzky estime à 200.000 individus la horde germanique qui envahit ce pays entre le 1er et le 31 mai de l'année suivante.

Le professeur Schmoller fixe à 300.000 le nombre des ouvriers drapiers seulement, immigrés en Pologne, entre 1818 et 1828.

« L'espace de temps compris entre 1820 et 1830 — écrit Rosa Luxembourg dans son « Développement industriel de la Pologne », — est la période de formation de l'industrie polonaise. Comme au Moyen Age les métiers allemands, au XIXe siècle les industries allemandes font de la Pologne une rivale de l'Occident. Les principes qui guident la politique économique des tsars sont ceux-là mêmes dont s'inspiraient, au Moyen Age, les grands ducs de Mazovie et les rois de Pologne. »

Les premières vagues de l'immigration n'avaient apporté à la Pologne que les éléments les plus pauvres de la classe ouvrière allemande; mais, peu à peu, les émigrants-prolétaires furent remplacés par des représentants de la petite bourgeoisie dont la fortune variait généralement entre 50 et 200 talers, mais, parfois, atteignait aussi 600 talers et plus.

Les ouvriers et paysans allemands, — pour la plupart sujets prussiens — rencontraient, auprès des autorités russes de Pologne, si dures aux autochtones, un accueil des plus hospitaliers. Une belle maison les attendait, toute meublée, ainsi qu'une grasse prairie réservée à leur bétail; parfois aussi, un moulin aménagé en draperie, un atelier de tondage et une teinturerie parfaitement outillés.

La colonisation prit rapidement des proportions fantastiques.

En 1880, le gouvernement de Varsovie possédait, à lui tout seul, 61 petites villes allemandes et 586 localités dont la population était composée aux trois quarts d'Allemands.

En la seule année 1881. le nombre des colons allemands augmenta de 5.576 individus.

Dans le gouvernement de Wolhynie on comptait, en 1882, 15.747 fermes allemandes et 87.131 colons. Un fait hautement caractéristique est à noter ici. Sur ces 87.131 Allemands, 68.830 étaient nés de parents naturalisés et ne possédaient que 162.870 déciatines de terre, tandis que les 18.301 colons demeurés sujets allemands étaient propriétaires d'une étendue de 290.912 déciatines et affermaient, en outre. 29.266 déciatines appartenant aux propriétaires du voisinage.

Une statistique officielle publiée en 1901 par le *Warschawski Dniewnik* (journal russe de Varsovie) fixe à 492.000 le nombre des colons allemands établis dans les 9 gouvernements de la Pologne russe; à 400 millions de roubles (environ 1 milliard 200 millions de francs) la valeur totale de leurs biens immeubles et à 5.000 le nombre de leurs colonies.

L'industrie.

Si imposants que soient les chiffres fournis par le développement rapide de l'industrie allemande en Russie, l'activité des accapareurs de l' « Empire » proprement dit apparaît comme un jeu d'enfant au regard de l'œuvre accomplie par les exploiteurs du royaume de Pologne.

Vers 1830, en dépit de sa situation politique unique dans le monde, ce pays se transforma à vue d'œil.

Quelques années suffisaient pour faire d'un misérable hameau un centre manufacturier de premier ordre, d'une bourgade somnolente et malpropre une grande ville commerciale et industrielle. L'histoire de certaines localités comme Lodz, Zgierz, Pabjanice, Ozorkow, Tchenstokhowa, Tomaszow, Sosnowice, Dombrowa, Zawierz, Zyrardow, semble appartenir au domaine de la féerie plutôt qu'à celui de la réalité.

Lodz surtout, avec ses immenses filatures, nous offre de ces métamorphoses quasi magiques un exemple frappant.

Ce « Manchester de la Pologne » apparaît, pour la première fois, dans les annales des chroniqueurs en l'an de grâce 1332, à l'occasion de la cession de la malheureuse bourgade par son seigneur temporel au prince ecclésiastique de la province. De ce qu'était Lodz à cette époque lointaine, rien ne peut nous donner une idée plus exacte que la peinture qu'en fit... quatre siècles plus tard un voyageur allemand.

En 1793, la « ville » ne possédait encore que 44 maisons, 190 habitants, 18 chevaux, 97 bœufs, 58 vaches et 63 petits animaux domestiques. (Voilà comment les Allemands écrivent l'histoire... de Lodz.)

Dans les premières années du XIXe siècle, le fier Manchester polonais n'était encore qu'un « miastétchko » ou petite ville sarmate, c'est-à-dire un amas irrégulier et malodorant de masures branlantes et recouvertes de chaume où quelques juifs faméliques, grelottant sous leurs lévites graisseuses, débitaient aux paysans hirsutes des environs une eau-de-vie frelatée.

En 1820, nous trouvons Lodz enrichie de 68 chaumines sans jour et sans air et de 610 habitants illettrés et fanatiques.

En 1825, le hasard d'une chasse révèle à Alexandre Ier, le « libérateur de l'Europe », l'existence de la ville de Lodz.

Le contraste de la situation géographique heureuse de la ville et de sa misère profonde réveille sans doute dans la mémoire du plus sentimental des tsars l'image de quelque riante bourgade du royaume de Saxe ou du duché de Baden, traversée lors du grand voyage historique de Paris...

1827. Lodz est une petite ville industrielle de 2.843 habitants, dont environ 2.000 sont sujets du roi de Prusse. Dans une belle fabrique toute blanche, toute neuve, travaillent 322 ouvriers.

1833. Le soulèvement de la Pologne, la guerre russo-polonaise de 1831 ont fait couler un fleuve de sang polonais, lithuanien, blanc-russien et russe. Mais la petite ville allemande est en pleine prospérité. Le nombre de ses habitants a presque doublé : il s'élève à présent à 5.730 individus.

1837. Lodz a déjà l'aspect d'une petite ville industrielle allemande, proprette et active de 10.000 habitants.

1840. Le chiffre de la population atteint 20.150 individus.

Suivant les données dignes de foi fournies par le professeur J. Janschul, sur les **32.000** habitants qui composaient, vers 1860, la population de Lodz, 12.000 étaient sujets allemands et 13.000 avaient adopté la nationalité russe. Il y avait, par conséquent, à cette époque, 25.000 Allemands à Lodz, et seulement 7.000 Polonais et Russes. La production totale des fabriques de la ville est évaluée par le célèbre économiste à 2.612.095 roubles (10.448.380 francs).

A partir de l'année 1861, marquée par l'abolition du servage en Russie, en Lithuanie et en Pologne, le développement de Lodz dépasse celui de n'importe quelle autre ville d'Europe et ne souffre de comparaison qu'avec l'expansion monstrueuse de certaines métropoles des États-Unis d'Amérique.

Le tableau suivant est emprunté à un ouvrage de Rosa Luxembourg :

Lodz.

Année.	Habitants.	Chiffre de la production annuelle.	
1860....	32.000	2.600.000	**roubles.**
1878....	100.000	26.000.000	—
1885...	150.000	36.500.000	—
1895....	315.000	90.000.000	—

Ce qui nous donne, pour un espace de

35 ans, un accroissement de 884 % pour la population et de plus de 3.400 % pour la production industrielle.

Telle est, dans ses grandes lignes, la merveilleuse histoire de la première ville industrielle de l'empire russe, de ce « Manchester polonais» dont l'historien Filiatt disait encore en 1823 : Au mois de juin, *au mot : « industrie », on n'attachait encore à (Lodz)* qu'un sens des plus imprécis et le nom de « Niémietz » n'y évoquait, dans l'esprit des quelques loqueteux qui composaient la population de la bourgade que l'idée d'un homme privé de voix. (« Niemietz » signifie en polonais « allemand » et « muet ».) Nous voici en septembre, et que vois-je? Sur un terrain des plus maigres où, vers le milieu de juillet se balançaient quelques rares épis, six belles maisons neuves font reluire au soleil leurs fenêtres bien lavées. Ce sont des fabriques de drap ! Des draperies, à Lodz ! Eh oui ! Neuf drapiers silésiens de Grünberg y travaillent de l'aube au soir, pour l'émerveillement des infortunés indigènes et aussi de l' « intelligence des environs. »

« C'est à l'Allemand L. Geyer, fondateur de la première fabrique de Lodz, que la Pologne est redevable de son industrie du coton », écrit le professeur J. Janschul.

L'exemple de Geyer fut suivi, vers 1850, par Gromann, Land, Jacob Peters et d'autres Allemands.

En 1854, la fabrique de Geyer occupe encore, avec ses 700 ouvriers, la première place; mais, en 1855, elle est dépassée par la draperie Karl Scheibler, dont le succès devait, avec le progrès du temps, effacer celui de toutes les entreprises du même genre.

En 1881, Karl Scheibler transforme ses nombreuses fabriques en une société par actions au capital de fondation de 9 millions de roubles (environ 30 millions de francs).

En 1888, les fabriques Scheibler occupaient 6.487 ouvriers; leur production annuelle était estimée à 13.290.000 roubles; leur valeur totale à 25.127.827 roubles.

En 1913, ces fabriques occupaient une des premières places parmi les grandes entreprises de l'Europe.

Plusieurs employés de la maison Scheibler devinrent, en très peu de temps, propriétaires de fabriques importantes.

Nous ne citerons, comme exemple, que les deux firmes Posnansky et Meinzel. La première, au capital de fondation de 5 millions de roubles, avait, vers 1910, une production annuelle de 11.777.740 roubles et occupait 5.016 ouvriers. La société par actions Meinzel, au capital de fondation de 3.000.000 de roubles, avait une production annuelle de 3.735.000 roubles et occupait 1.170 ouvriers.

En 1914, Lodz occupait encore la première place parmi les grands centres industriels de la Pologne russe; toutefois, l'extension rapide et la concurrence croissante des autres centres manufacturiers Zgierz, Tomaszow, Dombrowa, Zyrardow, Tchenstokhova, Sawierz, Sosnowice et surtout Pabjanice) donnaient déjà quelque souci au « Manchester de la Pologne »

La fabrique Krusche et Emden, de Pabjanice, se glorifiait, en 1897, d'une production annuelle évaluée à 3.627.000 roubles et occupait 2.640 ouvriers.

Les manufactures Rudolf Kindler, fondées

en 1854, occupaient vers 1890, 1200 ouvriers et leur production annuelle s'élevait à 2 millions de roubles.

En 1914, les chiffres de ces deux maisons avaient presque triplé.

A Sawierz, la fabrique de Bernhard et Adolf Tinsberg, sujets prussiens, occupait, en 1898, 5.727 ouvriers.

A Sosnowice, la draperie saxonne Henri Dietel avait une production annuelle de 5 millions de roubles. Elle occupait 1.800 ouvriers.

Une autre draperie saxonne, celle des frères Schön, lui faisait une concurrence des plus menaçantes.

A Dombrowa, les sujets allemands Leonhardt, Welker et Herbardt, fondent, en 1878, une draperie qui, vers 1897, occupe déjà plus de 1.000 ouvriers et dont la production annuelle est évaluée à 1.967.000 roubles.

A Tchenstokhowa, les Allemands Pelzer et Cie, Mott, Meilias, Kohle et Deliatur, occupent, vers 1912, près de 15.000 ouvriers.

En 1890, la valeur totale de la production lainière annuelle de la Pologne russe s'élève à 18.749.000 roubles.

L'année 1880 est marquée par l'introduction, en Pologne, de deux industries nouvelles, celles du lin et du coton peigné.

Les principaux représentants de la première sont :

	Date de fondation.
Les frères Schön	1879
Schmelzer	1883
Giffer	1880
Geldner	1883
Kurzel	1884

Ceux de la seconde (dont le centre se trouve à Zyrardow) :
Hille et Dietrich 1883

La production annuelle de ces fabriques était évaluée, en 1898, à 11.772.000 roubles. Elles occupaient 12.000 ouvriers.

L'industrie minière polonaise.

Son histoire est à la fois si simple et si merveilleuse qu'il nous suffira de donner quelques chiffres, pour permettre au lecteur de se former une idée exacte de son développement.

Le principal centre de l'industrie minière en Pologne est le bassin de Sosnowice-Dombrowa, situé à 10 kilomètres de la frontière prussienne. Ce bassin, d'une richesse inouïe, a été entièrement accaparé par des industriels allemands dans la première moitié du XIXe siècle.

En 1883, la Pologne importait encore tout le fer nécessaire à son industrie de l'étranger et sur les 6 millions et demi de pouds de fonte dont elle avait besoin chaque année, la Prusse à elle seule fournissait 4 millions de pouds.

En 1884, l'augmentation du tarif douanier donne naissance à l'industrie minière nationale.

Grâce au nouveau tarif, les industriels prussiens se virent obligés de créer, en Pologne même, des centres de production. D'exportateurs du fer, ils devinrent exportateurs de capitaux.

En 1885, les fonderies polonaises fournissent 2.600.000 pouds de fonte. Les usines polonaises livrent 5.500.000 pouds de marchandise en fer et en acier.

L'année 1887 nous donne déjà les chiffres imposants de 14 millions de pouds pour la fonte et de 13.700.000 de pouds pour le fer et l'acier.

Les progrès de l'industrie houillère sont encore plus rapides.

En 1870, les mines polonaises ne donnent que 20 millions de pouds de houille.

En 1890, elles produisent 225 millions de pouds.

En 20 ans, la production de la fonte augmente de 400 %, celle de l'acier de 154 %, celle de la houille de 1025 %.

D'autres industries vinrent bientôt se grouper, dans le bassin de Sosnowice-Dombrowa, autour de l'industrie minière. Les plus importantes de ces entreprises nouvelles sont celles des domaines de Mordezend-Sielce et de Sosnowice-Zagovze-Gvzychow.

Le premier appartenait, depuis 1856, au comte Renardt, sujet prussien ; le second, depuis 1863, au major de Kramsta, prussien également.

A Mordezend-Sielce, nous trouvons, vers 1890, les entreprises suivantes :

1º La société d'industrie minière du comte Renardt ;

2º La filature de laine peignée des frères Schön, sujets allemands ;

3º La fabrique de papier à lettres de Dittrich, achetée plus tard par Lamprecht ;

4º La fabrique de toile cirée des sujets allemands Reicher, Kernbaum et Oppenheim ;

5º La fabrique allemande de produits chimiques, succursale de la société d'industrie chimique de Mainz ;

6º Les « ouvrages mécaniques » de W. Fitzner et G. Gamper ;

7º La fabrique de fer blanc « Pouschkine », fondée par le comte prussien Henckel von Donnersmark.

Dans le second domaine, celui de Sosno-wice-Zagovze-Grzychow, apparaissent vers la même époque les industries suivantes :

1º La société houillère Kramsta;

2º La filature de laine longue Dittel;

3º La verrerie Epstein, aujourd'hui Schle-singer;

4º La fabrique de tubes métalliques S. Huldschinskg et fils, sujets prussiens;

5º L'industrie houillère de Sosnowice.

Les entreprises des deux domaines occu-paient, vers 1914, près de 30.000 ouvriers.

¡Le professeur S. Janschul, membre de la Commission russe de Surveillance de l'Indus-trie polonaise, exprime en ces termes son « admiration » pour l'activité industrielle de ses compatriotes : « L'initiative et l'énergie dont les entrepreneurs allemands sont doués, ainsi que les capitaux énormes dont ils dis-posent, leur permettent de construire et de mettre en œuvre, en Pologne, des fabriques colossales en moins de temps qu'il n'en faut, en Russie, pour arrêter le plan d'un moulin ou d'une brasserie de village. »

VII

LA MAINMISE ALLEMANDE ET L'OPINION PUBLIQUE RUSSE

Il nous paraît utile, après cette longue énumération des succès économiques allemands, de mettre en garde le lecteur étranger aux choses de Russie contre toute interprétation erronée et tout jugement hâtif. L'impression qui, à première vue, se dégage de ces feuillets, n'est, à coup sûr, rien moins que plaisante; il ne faudrait cependant pas qu'elle se traduisît par un sentiment d'amertume ou de méfiance à l'égard du peuple russe, dont l'héroïsme et l'abnégation dans les premiers mois du conflit eurent une répercussion si favorable sur les opérations des Alliés en Occident.

Toute accusation de germanophilie ou même seulement de passivité à l'égard de l'invasion économique allemande serait absolument injustifiée.

L'opinion publique russe n'a jamais cessé, depuis le commencement du XVIIIe siècle jusqu'à nos jours, de protester de toute sa puissance contre la germanisation imposée à la Russie par son propre gouvernement.

Sous le règne de Pierre-le-Grand et après la mort de ce monarque, c'est-à-dire à l'époque où les principaux postes de l'État étaient occupés par des Allemands, l'opinion de la Russie tout entière trouvait une expression fidèle dans le programme des deux grands partis politiques constitués entre 1720 et 1730 — les « vrais Russes » et les « vrais Orthodoxes ».

Le premier était composé principalement de représentants de la grande aristocratie russe, le second de quelques membres influents du haut clergé et de quelques milliers de riches marchands de Moscou, de Kieff, de Ngni Novgorod et des provinces du Midi.

Le programme des deux associations se résumait en quelques mots : lutte à outrance contre toute ingérence de l'étranger dans les affaires publiques.

Dans la période suivante, c'est-à-dire celle qui embrasse la seconde moitié du XVIIIe siècle et le XIXe siècle tout entier, et qui est caractérisée par la politique de colonisation de Catherine II, de Nicolas Ier et des trois Alexandre, l'opposition n'est plus représentée comme sous le règne de Pierre-le-Grand ou de Paul Ier, par quelques membres de l'aristocratie de cour d'une origine vraiment russe ou quelques ecclésiastiques mitrés, mais par toute la classe si nombreuse et si puissante en Russie, des « pomiestchiki », ou propriétaires fonciers.

Les attaques dont la domination allemande fut l'objet de la part de ce nouveau parti dépassèrent en violence les accusations les plus audacieuses des vrais Russes et des vrais orthodoxes.

« Nous n'avons que trop longtemps souffert de la présence odieuse des ennemis héréditaires de notre race. Il est temps de secouer ces parasites tenaces qui, depuis des siècles, se nourrissent de notre substance. Déjà au **Moyen Age**, les Allemands considéraient l'immense et plantureuse Russie comme leur héritage, comme une sorte de colonie peuplée par une race inférieure destinée par Dieu même à gémir sous le joug allemand. Nous avons un rôle plus noble à jouer dans l'histoire de la civilisation que d'engraisser du produit de notre sol et de notre travail une race cupide et présomptueuse accoutumée à se considérer, on ne sait trop pour quelles raisons mystiques, obscures, incompréhensibles au reste de l'humanité, comme une sorte de peuple élu, dont la malheureuse Russie, hélas, serait la Terre Promise (1).

Cette hostilité ne tirait pas uniquement origine de l'accaparement du sol national par l'industrie agricole allemande. D'autres raisons, plus patriotiques, plus désintéressées, déterminaient l'attitude du parti agraire vis à vis des colons et des industriels allemands.

Les agrariens entretenaient, probablement non, sans quelque raison, des doutes sur la sincérité de l'attachement des immigrés à leur patrie d'adoption, sur leur loyalisme même à l'égard du gouvernement russe.

Quoi qu'il en fût des appréhensions du parti agraire, une chose est certaine : c'est que, chez le germain, le souvenir de la patrie d'origine et l'orgueil du nom allemand conservent une singulière vivacité, même après un très long exil.

« Il serait absurde de considérer comme

(1) **Rousskï Westuik**, mars 1890.

nos concitoyens des étrangers qui, tout en
s'engraissant du produit de notre sol, demeu-
rent fidèlement attachés à leur patrie d'origine et à leur culture nationale. Pourquoi
ne retournent-ils pas chez eux (ils avaient de
si excellentes raisons de rester!) ces colons
dont le cœur est à Berlin? Nous n'avons
besoin ni de leurs systèmes perfectionnés de
culture, ni de leurs machines compliquées;
qu'ils s'en aillent, qu'ils nous laissent en
paix; nous voulons être les maîtres chez
nous. S'il faut absolument coloniser certaines
contrées encore inexploitées de notre immense empire, que le gouvernement y attire
des colons de race slave, des Serbes, des Bul-
gares, des Slovaques, des Croates, même des
Tchèques catholiques. Cette immigration
serait moins dangereuse que l'invasion soi-
disant pacifique et économique d'une race
ennemie appuyée par un puissant empire
armé jusqu'aux dents. » (1)

C'est surtout dans les provinces de l'ouest
et principalement dans le gouvernement de
Wolhynie qui possédait, vers 1890, près de
17.000 fermes allemandes et plus de 100.000
colons, que cette révolte de la conscience
nationale prit la forme la plus aiguë.

Le *Novoié Vrémia*, *Temps nouveau*, journal russe le plus répandu de cette époque,
déclara une guerre impitoyable à la population allemande de ces contrées.

Le *Novoié Vrémia* montra clairement,
dans une longue série d'articles signés des
noms les plus célèbres de l'époque et dont
des extraits furent souvent reproduits,
depuis le début des hostilités, par les organes

(1) Rousskï Westnik. 1890.

les plus libéraux de la presse russe, le danger que constituerait, dans une guerre russo-allemande, cet accaparement du sol et des fabriques par les sujets des Hohenzollern.

Par une prescience vraiment extraordinaire, le grand journal russe soupçonnait déjà — 30 ans avant la guerre mondiale ! — la naturalisation des colons allemands d'être une simple simagrée nécessitée par les circonstances.

Nous avons appris, depuis, quel sens secret le gouvernement allemand attachait aux lettres de naturalisation obtenues par ses nationaux en pays étranger.

La campagne antiallemande entreprise par le *Novoié Vriémia* vers 1880 éclaira toute la Russie lettrée sur le danger de la situation. Seul, le gouvernement continua de faire la sourde oreille. Le journal demandait avec instance l'interdiction de la frontière russe non seulement aux émigrés venant directement des empires voisins, mais même aux Allemands qui se réclamaient d'un long séjour en Pologne.

En ce qui concerne les colons déjà établis en Russie, le *Novoié Vrémia* exigeait leur naturalisation immédiate et la présence, dans les limites du domaine de colonisation, d'un bon élément russe.

Le journal des patriotes comparait les progrès inquiétants de la colonisation allemande à une « européanisation de la Russie au détriment de la nation russe ».

Malheureusement, les barons des provinces baltiques et les riches industriels allemands, tout-puissants à la cour, eurent beau jeu contre les révoltes de la conscience nationale russe.

Parmi les économistes, qui s'efforcèrent dans leurs écrits, de détourner le gouvernement de sa politique germanisatrice, il faut surtout citer Herzen, le chef de l'école des « Narodniki » ou nationalistes, Korsak, Karischoff, N. Mikhaïlousky, enfin Tougan-Baranowsky, écrivain remarquable auquel nous devons, depuis la chute du régime tsariste, une série de puissantes études sur la situation financière actuelle de la Russie.

Les théories des économistes russes de la fin du XIXe siècle s'appuyaient sur la structure sociale historique de la Russie, caractérisée, par l'attachement de la plupart des provinces de l'Empire à une forme de la propriété foncière abandonnée depuis plus de dix siècles dans les autres pays : le « mir », ou communauté, mais communauté au sens qu'attachent à ce mot les partisans du communisme. Les « Narodniki » russes, ou nationalistes, en tant que représentants du socialisme agraire, soutenaient, non sans raison, que la Russie, grâce à cette fidélité au communisme ancestral, occupait une place à part parmi les pays européens et qu'il était parfaitement illogique et, par conséquent, nuisible, de lui imposer une évolution sociale et économique empruntée aux nations voisines. La Russie, disaient-ils, pourrait aisément éviter la lutte moderne des classes dont les autres pays nous offrent aujourd'hui le spectacle en développant le mir ou communauté paysanne primitive selon les principes du collectivisme moderne.

Le capitalisme était considéré par les économistes du parti national comme le produit d'une culture étrangère qui n'avait pas la moindre chance de s'acclimater en Russie et qui, tôt ou tard, devait déterminer dans ce pays une crise économique des plus graves.

« Nos fabriques, — écrit Korsak dans son ouvrage, *Les Industries*, sont des créations artificielles; elles ne doivent pas leur existence, comme les industries d'Occident, à une évolution économique naturelle. Elles sont si étrangères aux coutumes et aux besoins du peuple russe qu'il fallait, tout d'abord, recruter de force des ouvriers pour les mettre en œuvre. »

« En Occident, — dit le *Moscovite*, organe principal des nationalistes et des Slavophiles, — le succès de l'industrie est indissolublement uni à l'extension rapide des villes. Or, chez nous, le développement des villes n'a pas et n'aura jamais la même importance que chez nos voisins. Le paysan russe ne se transforme que difficilement en citadin; il est agriculteur dans l'âme; le lopin de terre cultivé par les ancêtres est une chair de sa chair, il ne s'en sépare qu'à la dernière extrémité. C'est pourquoi rien ne nous paraît plus illogique, plus nuisible que le régime allemand imposé à la Russie depuis le milieu du XVIIIe siècle. Le peuple russe doit rester un peuple d'agriculteurs. Que les enfants de nos campagnes apprennent un métier, embrassent une profession, deviennent commerçants ou même ouvriers d'usine, soit; mais à condition qu'ils n'abandonnent pas le village pour émigrer vers les villes, foyers éternels de corruption physique et morale.

« La vie de l'ouvrier russe nous paraît infiniment plus belle et plus hygiénique que celle de l'ouvrier allemand, français ou anglais. Le lien qui attache l'ouvrier russe au sol ancestral demeure toujours intact; dès que l'été revient, l'homme du peuple russe abandonne la fabrique, retourne à la campagne et redevient pour de longs mois paysan, Rien n'empêche l'agriculteur russe d'être l'homme le plus heureux de ce monde. Qu'il continue de cultiver le lopin de terre qu'ont labouré ses ancêtres. C'est là son meilleur ami, celui qui a nourri son père et son grand-père : c'est là l'image tangible de la patrie. » (Tougan-Baranowsky.)

Un des sociologues russes les plus éminents, N. Mikhaïlowsky flétrit en ces termes les partisans du régime économique allemand :

« Ceux des organes de la presse russe qui, cédant soit à la pression du gouvernement, soit à celle des cercles allemands intéressés, ont pris sur eux le rôle de défenseurs de l'expansion industrielle étrangère, du système de crédit et des sociétés par actions, travaillent tout simplement à la ruine du peuple russe. »

Tougan-Baranowsky fait retomber la responsabilité de cette situation économique anormale sur Pierre-le-Grand, l'initiateur de la politique de germanisation :

« Si le gouvernement de Pierre Ier s'était engagé dans une voie de réformes économiques mieux appropriée au caractère et aux besoins de la nation russe, nous jouirions actuellement d'une prospérité plus grande et surtout plus durable que celle que nous procure un système économique absolument artificiel et antinational. »

L'opinion publique polonaise.

En Pologne, l'accaparement allemand se heurtait à une résistance encore plus vive des populations. Longtemps séparée des terres germaniques par la Pologne et la Lithuanie, la Russie ne pouvait pas partager l'hostilité politique dont ces deux pays étaient animés à l'égard de leurs voisins de l'ouest. En Lithuanie, le souvenir des barbares incursions des Porte-Glaive s'est conservé jusqu'à nos jours; en Pologne, on fêtait encore, en 1913, l'anniversaire de la bataille de Grunwald; et le vif ressentiment que ces deux pays conservaient de l'offense russe s'effaçait devant l'indignation soulevée par le traitement à la fois impolitique et inhumain infligé aux Polonais et aux Lithuaniens en Posnanie et en Prusse orientale.

La *Gazeta Polnicza* (journal des agriculteurs) rivalisait de zèle avec le *Novoié Wrémia* dans la défense des intérêts nationaux. Elle attirait surtout l'attention du gouvernement sur la rapide germanisation de la Wolhynie et le danger que constituerait dans une guerre russo-allemande, la présence, dans cette province, d'une véritable armée de colons étrangers.

A l'argumentation optimiste du gouvernement, elle opposait les demi-aveux inquiétants que le triomphe économique de l'Allemagne arrachait aux Allemands eux-mêmes. Elle reproduisait régulièrement dans ses colonnes des extraits de discours ou d'articles de journaux allemands consacrés à ce sujet. La joie immodérée qu'inspirait aux économistes et voyageurs allemands Haxthausen, Cleinow, Schultze-Gavernitz, Hans de Schweinitz, Parvus, Lehmann, la prospérité des Allemands établis en Russie, en Pologne et en Lithuanie, était fort adroitement exploitée par le grand journal polonais.

Afin de donner une idée de la présomption avec laquelle ces économistes parlaient des succès de l'industrie allemande en Russie et en Pologne, nous nous permettons de reproduire, à notre tour, quelques-unes de leurs hâbleries :

« Il n'est point de salut pour la Russie en dehors de la colonisation allemande. Avant l'intervention de nos colons et de nos industriels, certaines contrées de la Russie, celles du sud principalement, présentaient l'aspect d'un véritable désert. Les villages y étaient séparés les uns des autres par des distances atteignant parfois 50 à 70 kilomètres. Les habitations étaient plus primitives que celles des Germains du VIe siècle, aussi étouffantes et malpropres que celles des Esquimaux, dépourvues de cheminées, aérées par une ouverture pratiquée dans le chaume ; les habitants, misérablement nourris, illettrés, abandonnés en proie par le gouvernement à l'alcool, à la vermine, aux plus affreuses maladies ; les trois quarts des terres laissées en friche, les terrains arables épuisés par un système de culture des plus primitifs et un engraissement insuffisant.

« Le labeur, l'intelligence et l'énergie de nos colons ont su, en un temps relativement court, faire fleurir au sein de cette désolation des milliers de riantes oasis que chaque année de travail enrichit de plusieurs centaines de fermes modèles où les paysans des environs viennent s'instruire et polir leurs mœurs au spectacle patriarcal de la vie des agriculteurs allemands.

« La population paysanne étouffait dans notre Allemagne surpeuplée. Elle a su se créer en Russie une seconde patrie.

« La plus belle des colonies est peut-être celle des frères Hernutes. (Piétistes allemands, appelés aussi frères Moraves, secte religieuse à laquelle Gœthe a consacré plusieurs chapitres de son grand roman didactique *Wilhelm Meister*). La rapide extension de cette colonie ne passerait pas inaperçue dans la plus riche province de l'Empire allemand. (1) »

« Il faut avoir traversé la Pologne depuis la frontière prussienne jusqu'aux confins de la Lithuanie pour se former une idée des bienfaits dont la culture allemande a doté ces contrées. La plus pauvre des fermes allemandes y peut servir de modèle aux domaines des plus riches seigneurs. » (2)

Toutes ces forfanteries un peu lourdes ont été réduites à néant, en 1913, par l'aveu assez inattendu qu'un auteur allemand d'origine arménienne, le docteur B. Jschchanian, laisse échapper dans son traité, d'ailleurs remarquable, sur la « collaboration des étrangers au développement de l'économie nationale russe ». Après une longue apologie de l'œuvre accomplie en Russie par les industriels et les colons allemands, l'éminent économiste dans un bel élan de sincérité, se demande si tout ce labeur, si profitable à l'Allemagne, a vraiment augmenté la prospérité de la Russie, s'il fut bien réellement un facteur de progrès et de civilisation.

A cette question qui ne laisse pas que de surprendre par un certain accent de noblesse, le docteur Ischchanian se voit obligé de

(1) Von Haxthausern.

(2) Georges Cleinow.

répondre par une franche négation. Nous lui laissons la parole :

La colonisation de la Russie ne pouvait tout de même pas avoir pour unique objet d'enrichir l'Allemagne. De pareils procédés étaient applicables à la colonisation d'une contrée sauvage de l'ancienne Amérique et ils sont à leur place, aujourd'hui encore, dans la colonisation des pays barbares de l'Afrique. Mais l'exploitation d'un état limitrophe de l'Amérique et politiquement indépendant devait se proposer, à côté de fins purement matérielles, un but plus élevé; elle devait répandre la lumière, activer le progrès, préparer le triomphe de la civilisation. Telle est aussi l'opinion du voyageur anglais sir D. M. Wallace, exprimée dans son célèbre ouvrage *La Russie :* « En invitant les Allemands à s'établir en Russie, le gouvernement russe n'avait sans doute pas uniquement en vue d'augmenter la prospérité matérielle du pays; il espérait aussi de la culture morale supérieure des colons allemands une influence civilisatrice sur les populations paysannes autochtones. »

« Eh bien, reconnaissons-le sans ambages, ajoute le docteur Ischchanian, ce but moral de l'activité économique allemande en Russie n'a pas été atteint. L'échec ne doit pas être imputé à nos colons et à nos industriels; toute la responsabilité, en cette affaire, retombe sur le système politique russe et les principes obscurantistes des sphères dirigeantes. »

Suit une longue énumération des obstacles que le colon allemand, si laborieux, si humain, rencontra en Russie sur son noble chemin de « kulturtrager », de porteur du flambeau de la « kultur ».

Le plaidoyer, d'ailleurs ingénieux, de l'auteur allemand, son habile énumération des circonstances atténuantes, ne nous feront pas oublier ce cri du cœur :

« Reconnaissons-le sans ambages, le but moral de l'activité économique allemande en Russie n'a pas été atteint. »

****

On voudra bien pardonner à notre étude les défauts qui s'attachent inévitablement aux abrégés de ce genre.

Nous n'avions point d'autre objet, en compulsant ces faits, ces dates et ces chiffres, que de permettre au lecteur d'embrasser d'un seul regard l'immense édifice, — vrai Wallhalla d'un nouveau genre — que la politique et l'industrie allemandes, toutes deux nourries de pure doctrine machiavélique, ont su élever sur une terre étrangère habitée par 170 millions d'hommes accoutumés à ne se servir du nom de « schwab » ou souabe, que comme d'un terme de mépris.

L'histoire économique d'un grand état est indissolublement liée à son évolution politique et celle-ci n'est rien autre chose que l'expression du caractère moral de la race. La Russie, heureusement, s'est réveillée de son long sommeil.

Toutefois, dans la situation politique et économique à laquelle la guerre et la révolution l'ont condamnée pour de longues années, la nation russe ne saurait se régénérer par ses propres forces. Il lui faudra, pour se relever et tenir dans l'histoire de la civilisation la place importante qui lui est assignée.

l'aide morale et l'appui financier des pays de l'Entente.

Nous nous proposons de consacrer une étude sérieuse à l'appréciation de l'action déjà entreprise en ce sens par les États-Unis et à l'examen des conditions d'une coopération immédiate de la France et des autres alliés de la Russie.

Qu'il nous soit permis, toutefois, de clore cette première partie de notre étude par une considération d'un caractère plus général.

Assurer par la victoire une ère de prospérité matérielle à sa propre patrie et à celle d'un frère d'armes, c'est, assurément, fort beau. Toutefois, l'expérience de cette guerre si féconde en conséquences d'un caractère purement social, nous dicte un devoir encore plus glorieux.

Eclairer le peuple russe si longtemps abandonné à lui-même, si primitif encore, si étranger, grâce à un régime millénaire d'oppression et d'obscurantisme, à toute idée de beauté, à tout sentiment de confiance, de respect et de solidarité sociale; lui inculquer l'amour, la passion de la liberté vraie, de la liberté unique — celle du travail; — lui faire comprendre par la parole, par le livre, — par l'exemple surtout — que l'objet de ce travail régénérateur n'est point cette vaine richesse dont jouissaient les ploutocraties de 1913, énervées par un luxe grossier et des plaisirs vifs, mais bien la belle opulence amie de l'ordre, de l'harmonie sociale, de la Beauté; le pousser dans ce chemin où les terribles années que nous vivons nous ont fait faire, à nous Occidentaux, un pas si grand dans le progrès moral — le seul qui compte — voilà la tâche sublime qui s'impose, avant toutes les autres, aux démocraties des deux mondes, régénérées par le sacrifice.

O. W. DE LUBICZ-MILOSZ.

CHARTRES. — IMPRIMERIE ED. GARNIER.